Impressum
Verlag: BABADADA GmbH, Nedderfeld 112 , 22529 Hamburg
Geschäftsführer / Verlagsleitung: Harald Hof
Druck: Books on Demand GmbH, In de Tarpen 42, 22848 Norderstedt

Imprint
Publisher: BABADADA GmbH, Nedderfeld 112 , 22529 Hamburg, Germany
Managing Director / Publishing direction: Harald Hof
Print: Books on Demand GmbH, In de Tarpen 42, 22848 Norderstedt

d Schuel
school

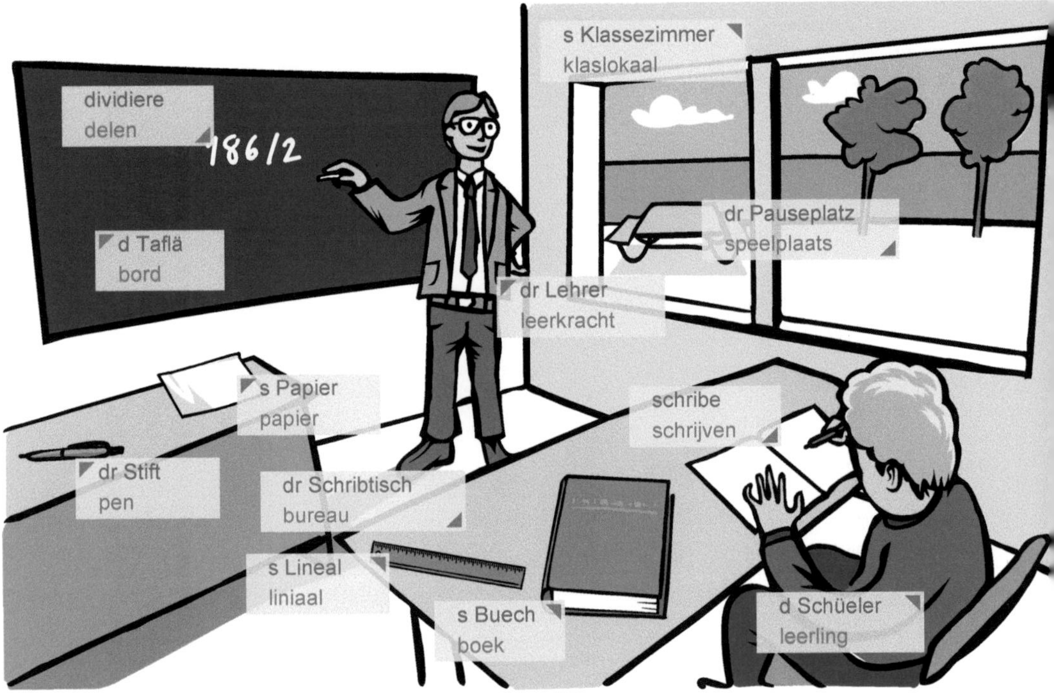
s Klassezimmer
klaslokaal
dividiere
delen
186/2
d Taflä
bord
dr Pauseplatz
speelplaats
dr Lehrer
leerkracht
s Papier
papier
schribe
schrijven
dr Stift
pen
dr Schribtisch
bureau
s Lineal
liniaal
s Buech
boek
d Schüeler
leerling

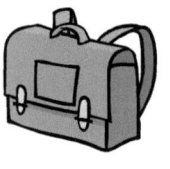

dr Thek

schooltas

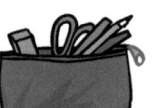

s Etui

pennenzak

dr Bleistift

potlood

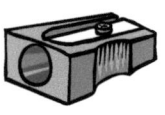

dr Spitzer

puntenslijper

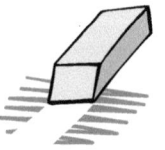

s Radiergummi

gom

dr Zeicheblock

tekenblok

d Zeichnig

tekening

dr Pinsel

verfborstel

dr Malchaschte

verfdoos

d Schär

schaar

dr Liim

lijm

s Üebigsheft

werkboek

d Huusufgabe

huiswerk

12

d Zahl

nummer

2+2

addiere

optellen

5-2

subtrahiere

aftrekken

2×2

multipliziere

vermenigvuldigen

rächne

rekenen

A

dr Buechstabe

letter

ABCDEFG
HIJKLMN
OPQRSTU
VWXYZ

s Alphabet

alfabet

hello

s Wort

woord

dr Text

tekst

läse

Lezen

d Kriide

krijt

d Lektion

les

s Klassäbuech

klassenboek

d Prüefig

examen

s Zügnis

certificaat

d Schueluniform

schooluniform

d Usbildig

onderwijs

d Enzyklopädie

encyclopedie

d Universität

universiteit

s Mikroskop

microscoop

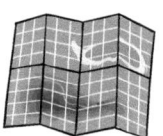

d Charte

kaart

dr Papierchorb

papiermand

d Schuel - school

d Reis
reis

s Hotel
hotel
Grand
d Härbärg
jeugdherberg
ROOMS
EXCHANGE
d Wächselstube
wisselkantoor
dr Koffer
koffer
s Auto
auto

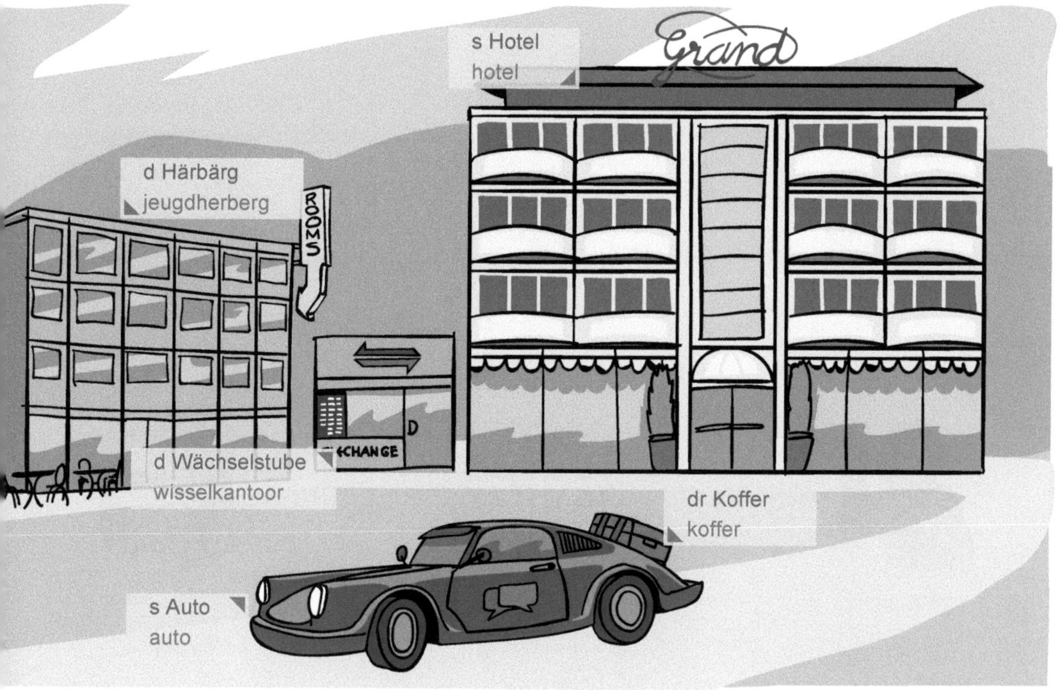

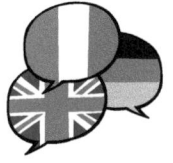

d Sprach

Taal

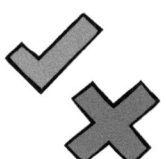

jo / nei

ja / nee

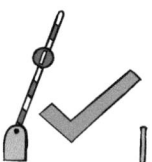

okay

oké

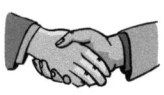

Hallo

hallo

dr Dolmetscher

vertaler

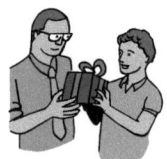

Dankä

bedankt

Was chostet…?

Hoeveel kost …?

Ich vrstahs nöd

Ik begrijp het niet

s Problem

probleem

Guete Abig!

Goedenavond!

guete Morgä!

Goedemorgen!

guete Abig!

Goedenavond!

Uf Wiederseh

Tot ziens

d Richtig

richting

s Bagaasch

bagage

d Täsche

zak

dr Rucksack

rugzak

dr Gast

gast

dr Ruum

kamer

dr Schlafsack

slaapzak

s Zält

tent

d Touristeninformation

toeristeninformatie

dr Strand

strand

d Kreditkarte

kredietkaart

s Zmorge

ontbijt

s Zmittag

lunch

s Znacht

avondeten

s Billet

ticket

dr Ufzug

lift

d Briefmarke

postzegel

d Gränze

grens

dr Zoll

douane

d Botschaft

ambassade

s Visum

visum

dr Pass

paspoort

dr Transport
transport

s Schiff
schip

s Flugzüg
vliegtuig

s Füürwehr
brandweerwagen

dr Bus
bus

dr Lastwage
vrachtwagen

s Motorboot
motorboot

s Velo
fiets

s Auto
auto

d Fähri

veerboot

s Boot

boot

s Töff

motor

s Polizeiauto

politiewagen

s Rännauto

racewagen

dr Mietwage

huurauto

s Carsharing

carpoolen

dr Abschleppwage

sleepwagen

dr Chübelwage

vuilniswagen

dr Motor

motor

s Benzin

benzine

d Tankstell

benzinestation

s Verkehrsschild

verkeersbord

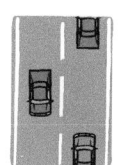

dr Verchehr

verkeer

dr Stau

file

dr Parkplatz

parkeerplaats

dr Bahnhof

station

d Schiene

sporen

dr Zug

trein

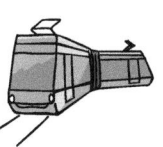

d Strassebahn

tram

dr Wagon

wagon

dr Transport - transport

dr Helikopter

helikopter

dr Flughafe

luchthaven

dr Tower

toren

dr Passagier

passagier

dr Container

container

dr Karton

karton

dr Chare

kar

dr Korb

mand

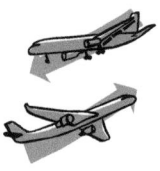

starte / lande

opstijgen / landen

d Stadt

stad

s Dorf

dorp

s Stadtzentrum

stadscentrum

s Huus

huis

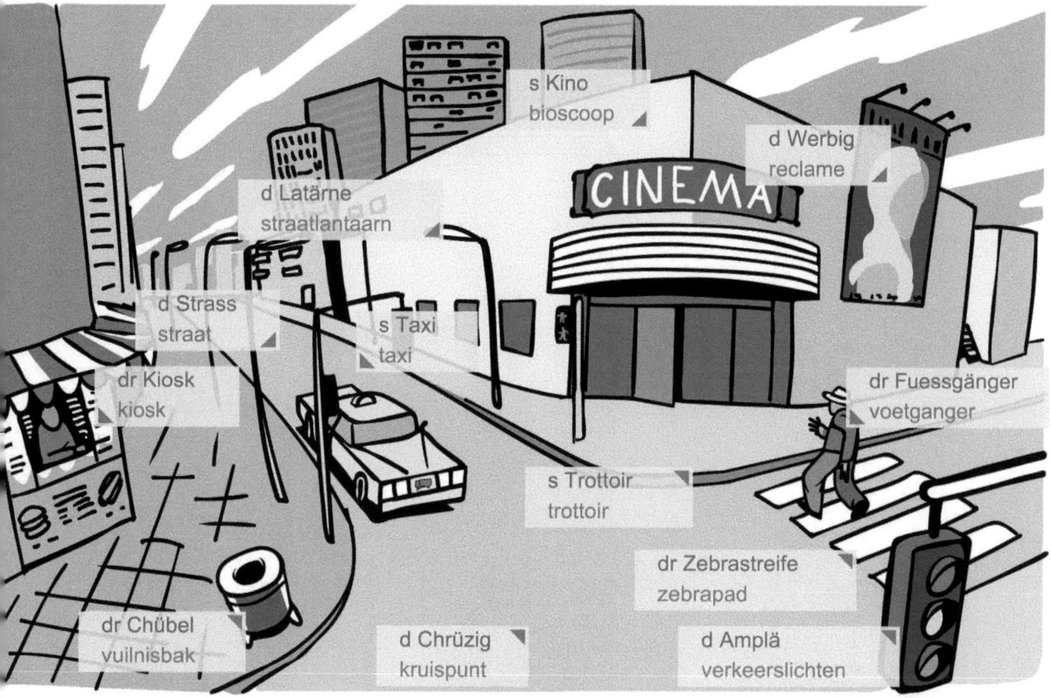

s Kino
bioscoop

d Werbig
reclame

d Latärne
straatlantaarn

CINEMA

d Strass
straat

s Taxi
taxi

dr Kiosk
kiosk

dr Fuessgänger
voetganger

s Trottoir
trottoir

dr Zebrastreife
zebrapad

dr Chübel
vuilnisbak

d Chrüzig
kruispunt

d Amplä
verkeerslichten

d Hütte
hut

d Wohnig
woning

dr Bahnhof
station

s Gmeindshuus
stadshuis

s Museum
museum

d Schuel
school

d Universität

universiteit

d Bank

bank

s Spital

ziekenhuis

s Hotel

hotel

d Apotheke

apotheek

s Büro

kantoor

s Buechgschäft

boekwinkel

s Gschäft

winkel

dr Bluemelade

bloemenwinkel

dr Läbensmittellade

supermarkt

dr Märt

markt

s Chaufhuus

warenhuis

dr Fischhändler

vishandelaar

s Iihkaufszentrum

winkelcentrum

dr Hafe

haven

dr Park

park

d Bank

bank

d Brugg

brug

d Stäge

trap

d U-Bahn

metro

dr Tunnell

tunnel

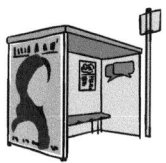

d Bushaltestell

bushalte

d Bar

bar

s Restaurant

restaurant

dr Briefchastä

brievenbus

s Strasseschild

straatnaambord

d Parkuhr

parkeermeter

dr Zolli

zoo

d Badi

zwembad

d Moschee

moskee

dr Buurehof

boerderij

d Umwältvrschmutzig

milieuverontreiniging

dr Fridhof

kerkhof

d Chile

kerk

dr Spielplatz

speelplaats

dr Tämpel

tempel

d Landschaft
landschap

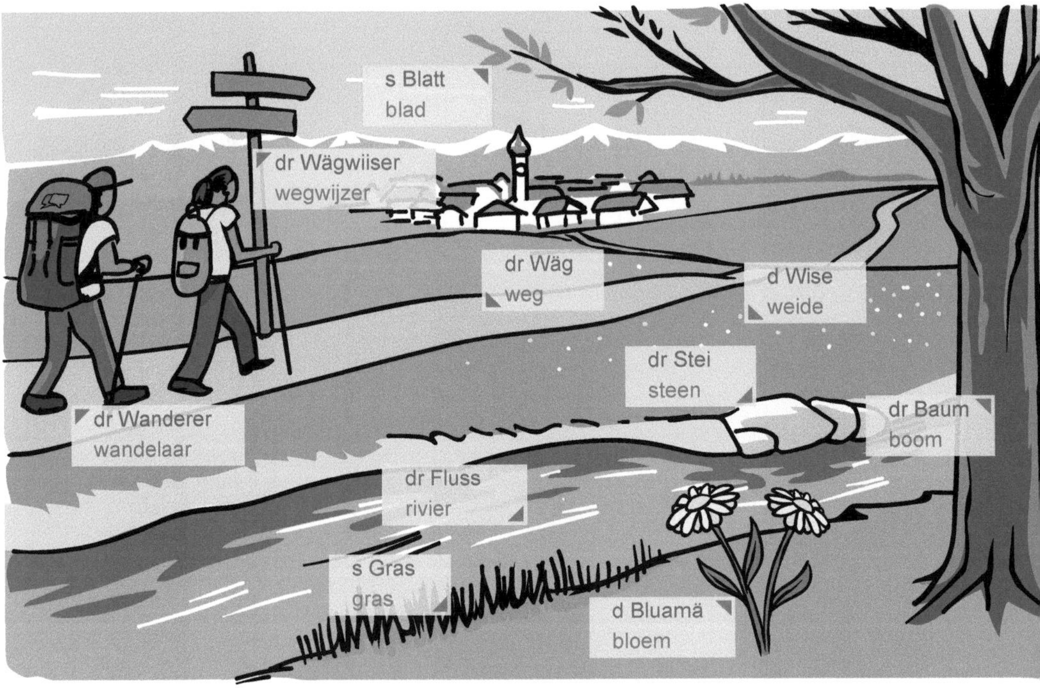

s Blatt
blad

dr Wägwiiser
wegwijzer

dr Wäg
weg

d Wise
weide

dr Stei
steen

dr Baum
boom

dr Wanderer
wandelaar

dr Fluss
rivier

s Gras
gras

d Bluamä
bloem

s Tal
vallei

dr Bärg
heuvel

dr See
meer

dr Wald
bos

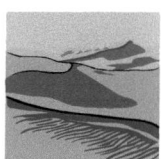

d Wüeschti
woestijn

dr Vulkan
vulkaan

s Schloss
kasteel

dr Rägeboge
regenboog

dr Pilz
paddenstoel

d Palme
palmboom

dr Moskito
mug

d Fliege
vlieg

d Ameise
mier

s Biendli
bijl

d Spinne
spin

d Landschaft - landschap

dr Chäfer

kever

dr Frosch

kikker

s Eichhörnli

eekhoorn

dr Igel

egel

dr Haas

haas

d Üle

uil

d Vogu

vogel

dr Schwan

zwaan

s Wildschwein

wild zwijn

dr Hirsch

hert

dr Elch

eland

dr Damm

dam

d Windturbine

windturbine

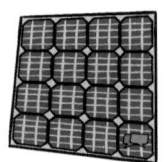

dr Sunnekollektor

zonnepaneel

s Klima

klimaat

s Restaurant
restaurant

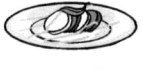

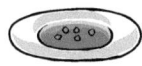

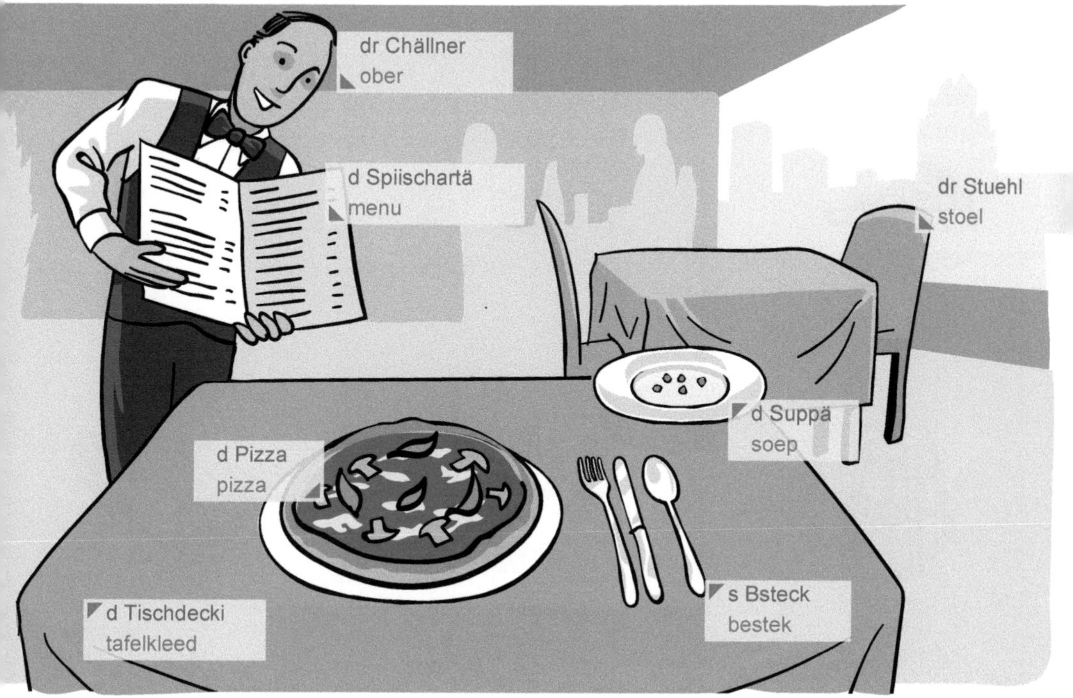

dr Chällner
ober
d Spiischartä
menu
dr Stuehl
stoel
d Suppä
soep
d Pizza
pizza
s Bsteck
bestek
d Tischdecki
tafelkleed

d Vorspiies

voorgerecht

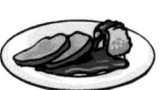

s Hauptgricht

hoofdgerecht

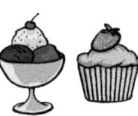

s Dessert

nagerecht

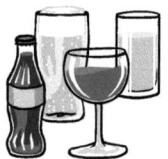

s Getränk

drankjes

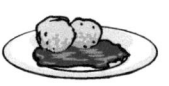

d Läbensmittel

eten

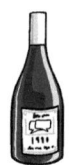

d Fläsche

fles

s Fast Food

fastfood

s Street Food

street food

d Teechanne

theepot

d Zuckerdosä

suikerpot

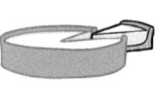

d Portion

portie

d Espressomaschine

espressomachine

dr Hochstuehl

kinderstoel

d Rächnig

rekening

s Tablett

dienblad

s Mässer

mes

d Gable

vork

dr Löffel

lepel

dr Teelöffel

theelepel

d Serviette

serviette

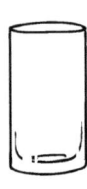

s Glas

glas

dr Täller

bord

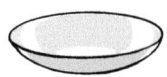

dr Suppetällär

soepbord

d Untertasse

schoteltje

d Sose

saus

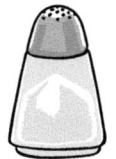

dr Salzstreuer

zoutvatje

d Pfäffermühli

pepermolen

dr Essig

azijn

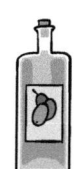

s Öl

olie

d Gwürz

kruiden

ds Ketchup

ketchup

dr Sänf

mosterd

d Mayonnaise

mayonaise

dr Läbensmittellade

supermarkt

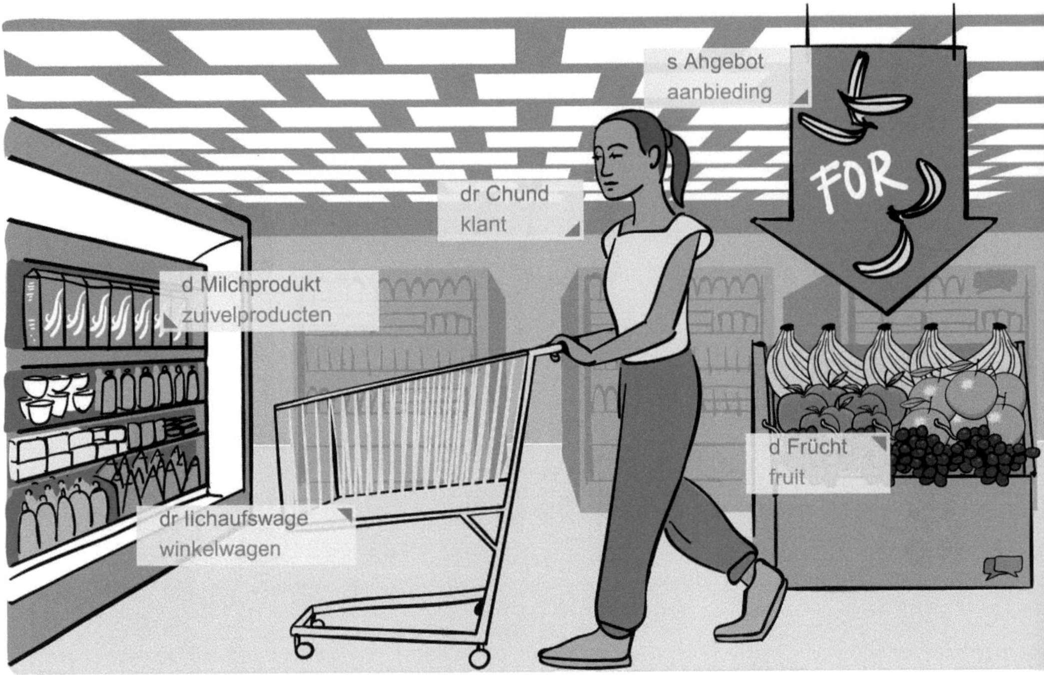

s Ahgebot
aanbieding
FOR
dr Chund
klant
d Milchprodukt
zuivelproducten
d Frücht
fruit
dr Iichaufswage
winkelwagen

BUTCHERS

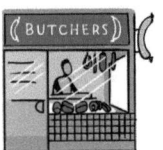

dr Schlachter

slagerij

BAKERY

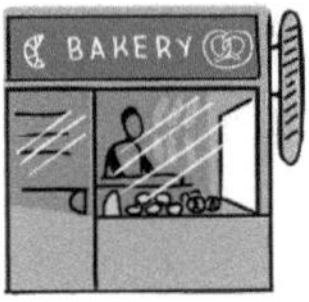

dr Beck

bakkerij

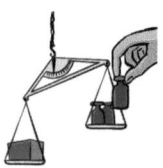

wiege

wegen

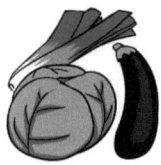

s Gmües

groenten

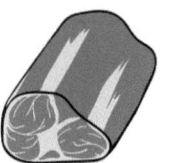

s Fleisch

vlees

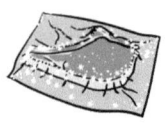

d Tiefkühlprodukt

diepvriesvoedsel

dr Ufschnitt

charcuterie

d Konsärve

conserven

s Wöschmittel

waspoeder

d Süessigkeite

snoep

d Huushaltartikel

huishoudproducten

s Putzmittel

schoonmaakproducten

d Verchäuferin

verkoopster

d Kassä

kassa

dr Kassierer

kassier

d Ihchaufsliste

boodschappenlijstje

d Öffnigszite

openingstijden

s Portemonnaie

portefeuille

d Kreditkarte

kredietkaart

d Täsche

tas

dr Plastiksack

plastieken zakje

s Getränk
drankjes

s Wasser

water

dr Saft

sap

d Milch

melk

d Cola

cola

dr Wii

wijn

s Bier

bier

dr Alkohol

alcohol

s Ovi

cacao

dr Tee

thee

dr Kafi

koffie

dr Espresso

espresso

dr Cappuccino

cappuccino

d Banane

banaan

dr Öpfel

appel

d Orange

sinaasappel

d Melone

meloen

d Zitrone

citroen

s Rüebli

wortel

dr chnoobli

knoflook

dr Bambus

bamboe

d Zwiblä

ajuin

dr Pilz

champignon

d Nüss

noten

d Nudle

noodles

d Spaghetti

spaghetti

dr Riis

rijst

dr Salat

salade

d Pommfrit

frieten

d Bratherdöpfel

gebakken aardappelen

d Pizza

pizza

dr Hamburgär

hamburger

s Sandwich

sandwich

s Gotlett

kalfslapje

dr Schinkä

ham

d Salami

salami

s Würschtli

worst

s Huehn

kip

dr Bratä

braden

dr Fisch

vis

d Haferflocke

havervlokken

s Müesli

muesli

d Cornflakes

cornflakes

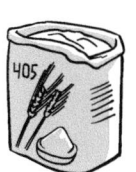

s Mähl

bloem

s Gipfeli

croissant

s Brötli

pistolet

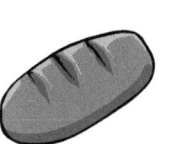

s Brot

brood

dr Toscht

toast

s Guetzli

koekjes

d Butter

boter

dr Quark

kwark

dr Chueche

taart

s Ei

ei

s Spiegelei

spiegelei

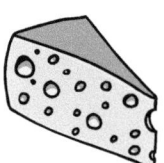

dr Chäs

kaas

d Läbensmittel - eten

d Glace

ijs

dr Zucker

suiker

dr Honig

honing

d Gonfi

confituur

d Nougat-Creme

choco

s Curry

curry

d Läbensmittel - eten

dr Buurehof
boerderij

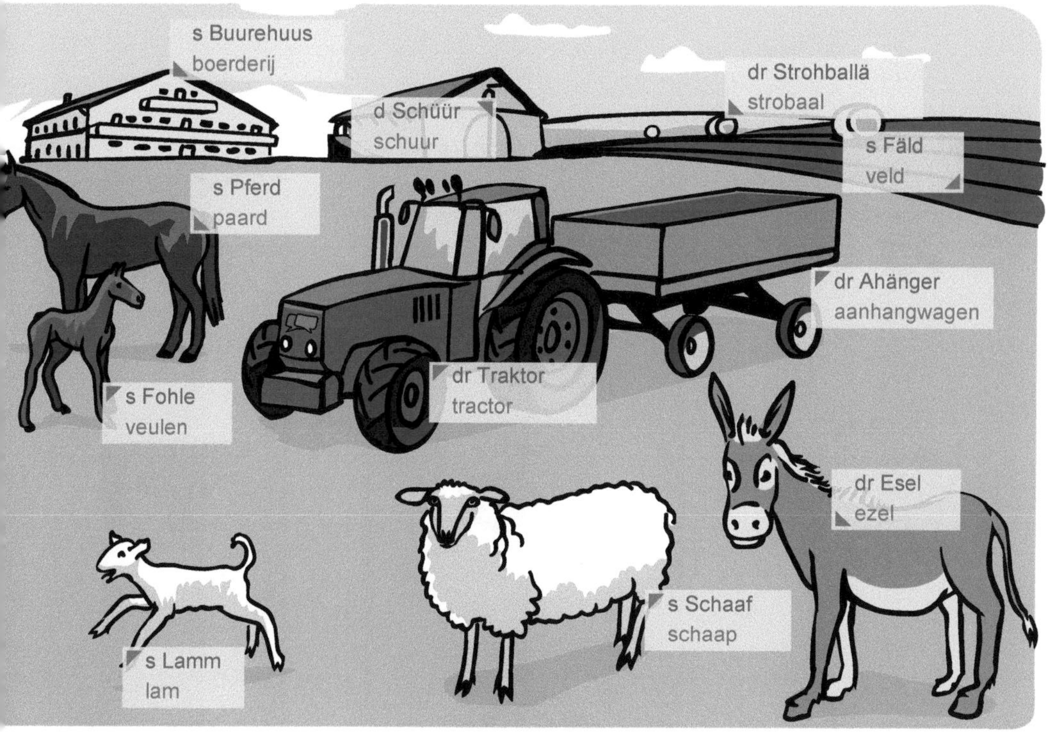
s Buurehuus
boerderij
d Schüür
schuur
dr Strohballä
strobaal
s Fäld
veld
s Pferd
paard
dr Ahänger
aanhangwagen
dr Traktor
tractor
s Fohle
veulen
dr Esel
ezel
s Schaaf
schaap
s Lamm
lam

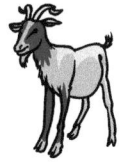

d Geiss
geit

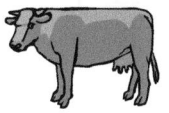

d Chueh
koe

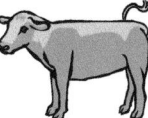

s Chalb
kalf

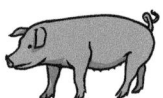

d Sau
varken

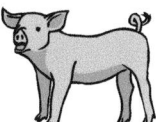

s Ferkel
biggetje

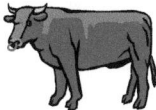

s Rind
stier

d Gans

gans

d Änte

eend

s Küke

kuiken

s Huähn

kip

dr Güggel

haan

d Ratte

rat

d Chatz

kat

d Muus

muis

dr Ochse

os

dr Hund

hond

d Hundehütte

hondenhok

dr Garteschluuch

tuinslang

d Giesschanne

gieter

d Sägese

zeis

dr Pflueg

ploeg

d Sichel

sikkel

d Hacke

schoffel

d Heugable

hooivork

d Axt

bijl

d Garette

kruiwagen

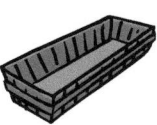

dr Trog

trog

d Milchchanne

melkkan

dr Sack

zak

dr Haag

hek

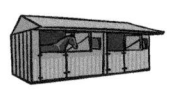

dr Gadä

stal

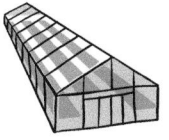

s Gwächshuus

broeikas

dr Bode

bodem

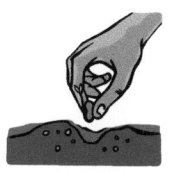

dr Soome

zaad

dr Dünger

mest

dr Mähdrescher

maaidorser

ärnte

oogsten

d Ärnte

oogst

d Yamswurzle

yam

dr Weize

tarwe

s Soja

soja

dr Härdöpfel

aardappel

dr Mais

maïs

dr Raps

koolzaad

dr Obstbaum

fruitboom

dr Maniok

maniok

s Getreide

graan

s Huus
huis

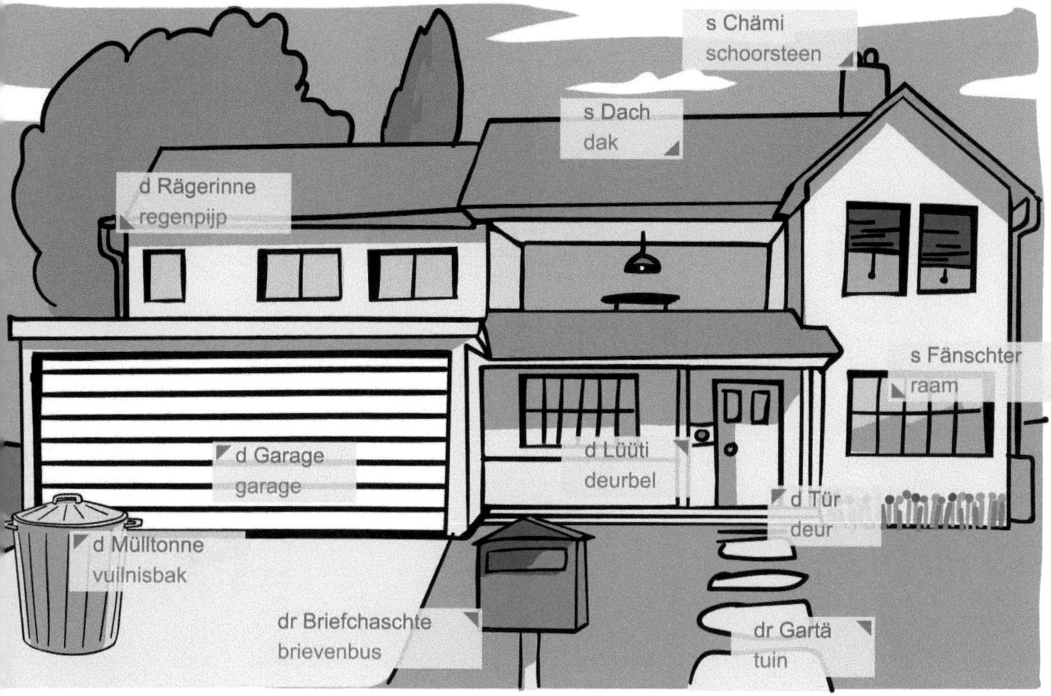

s Chämi
schoorsteen
s Dach
dak
d Rägerinne
regenpijp
s Fänschter
raam
d Garage
garage
d Lüüti
deurbel
d Tür
deur
d Mülltonne
vuilnisbak
dr Briefchaschte
brievenbus
dr Gartä
tuin

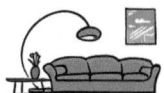

s Stubä

woonkamer

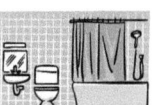

s Badzimmer

badkamer

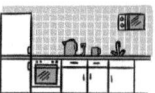

d Chuchi

keuken

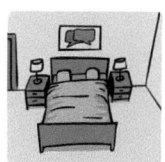

s Schlofzimmer

slaapkamer

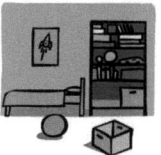

s Chinderzimmer

kinderkamer

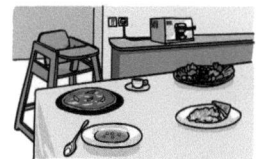

s Ässzimmer

eetkamer

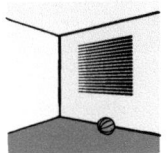

dr Bodä

vloer

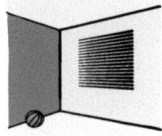

d Wand

muur

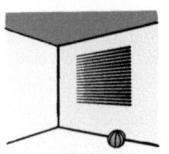

d Decki

plafond

dr Chäller

kelder

d Sauna

sauna

dr Balkon

balkon

d Terasse

terras

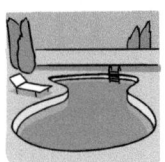

s Pool

zwembad

dr Rasemäier

grasmaaier

dr Bettbezug

dekbedovertrek

d Bettdecki

dekbed

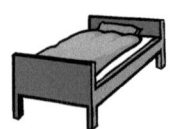

s Bett

bed

dr Bäse

bezem

dr Chübel

emmer

dr Schalter

schakelaar

s Stubä
woonkamer

d Tapete
behangpapier
s Bild
foto
d Lampä
lamp
s Regal
schap
dr Schrank
kast
dr Färnseh
televisie
dr Kamin
open haard
d Bluamä
bloem
s Chüssi
kussen
s Sofa
sofa
d Vasä
vaas
d Färnbedienig
afstandsbediening

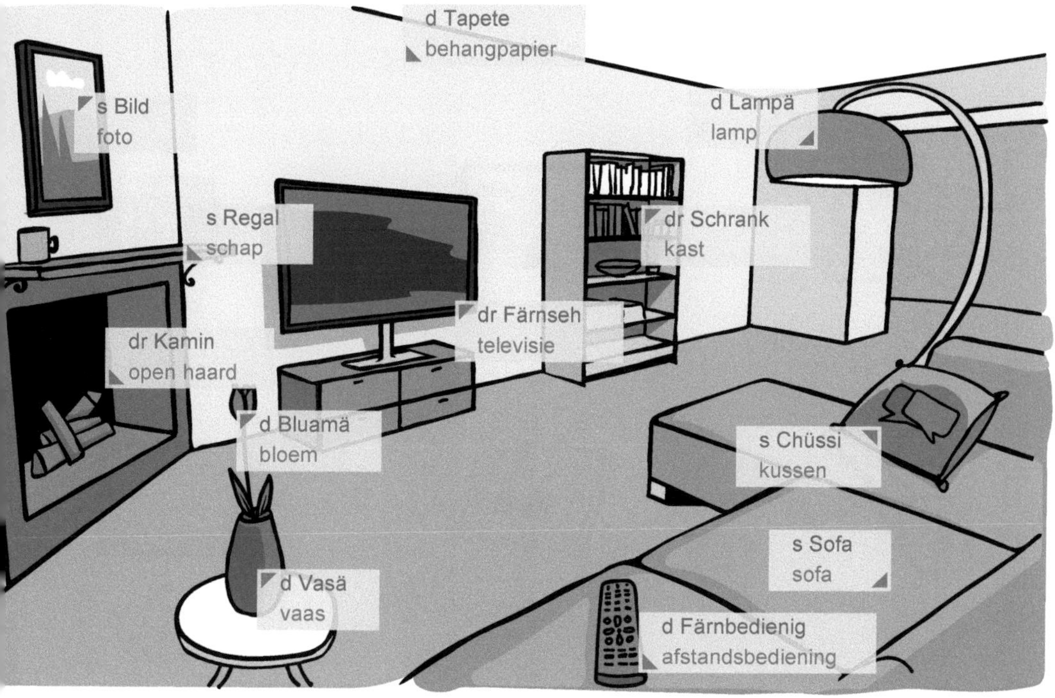

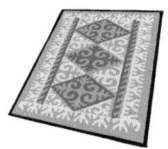

dr Teppich
mat

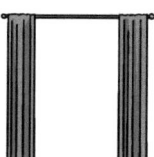

dr Vorhang
gordijn

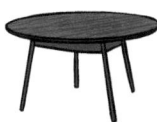

dr Tisch
tafel

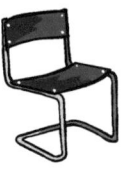

dr Stuehl
stoel

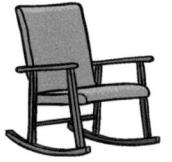

dr Schaukelstuehl
schommelstoel

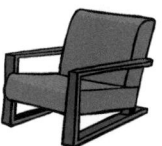

dr Sässel
fauteuil

s Buech

boek

d Decki

deken

d Dekoration

decoratie

s Füürholz

brandhout

dr Film

film

d Stereoahlag

stereo-installatie

dr Schlüssel

sleutel

d Ziitig

krant

s Bild

schilderij

s Poster

poster

s Radio

radio

dr Notizblock

notitieboekje

dr Staubsuuger

stofzuiger

dr Kaktus

cactus

d Chärze

kaars

d Chuchi
keuken

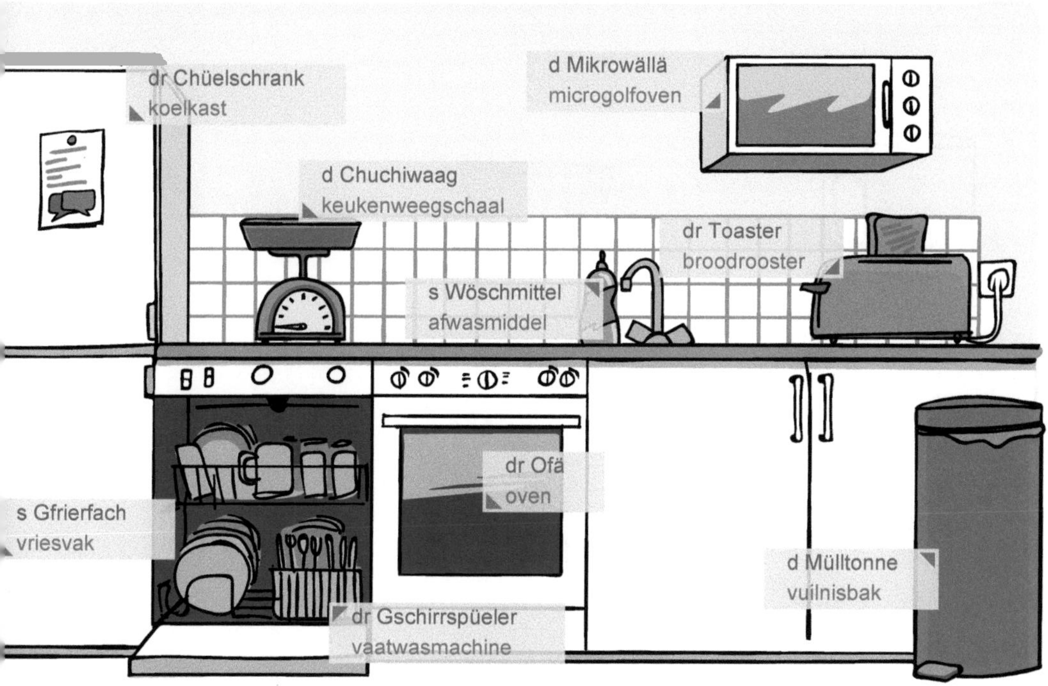
dr Chüelschrank
koelkast
d Mikrowällä
microgolfoven
d Chuchiwaag
keukenweegschaal
dr Toaster
broodrooster
s Wöschmittel
afwasmiddel
dr Ofä
oven
s Gfrierfach
vriesvak
d Mülltonne
vuilnisbak
dr Gschirrspüeler
vaatwasmachine

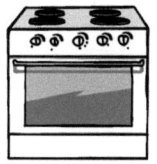

dr Härd
fornuis

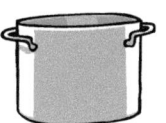

dr Topf
pot

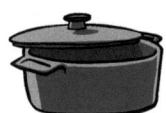

dr Iisetopf
gietijzeren pot

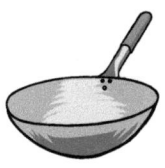

dr Wok / Kadai
wok / kadai

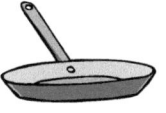

d Pfanne
pan

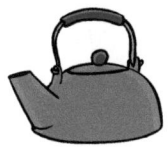

dr Wasserchocher
waterkoker

dr Dampfer

stoomkoker

s Bachbläch

bakplaat

s Gschirr

servies

dr Bächer

mok

d Schale

kom

d Stäbli

eetstokjes

d Suppechellä

pollepel

dr Pfannewänder

spatel

dr Schneebäse

garde

s Sieb

vergiet

s Sieb

zeef

d Raffle

rasp

dr Mörser

mortier

dr Grill

barbecue

d Füürstell

haardvuur

s Schniidbrätt

snijplank

s Nudelholz

deegrol

dr Korkäzieher

kurkentrekker

d Dosä

blik

dr Dosäöffner

blikopener

dr Topflappä

pannenlap

s Wöschbecki

gootsteen

d Bürste

borstel

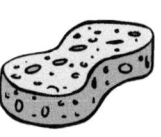

dr Schwumm

spons

dr Mixer

blender

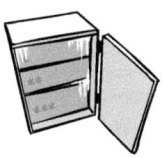

dr Gfrierschrank

vriezer

s Babyfläschli

papfles

dr Hahnä

kraan

s Badzimmer

badkamer

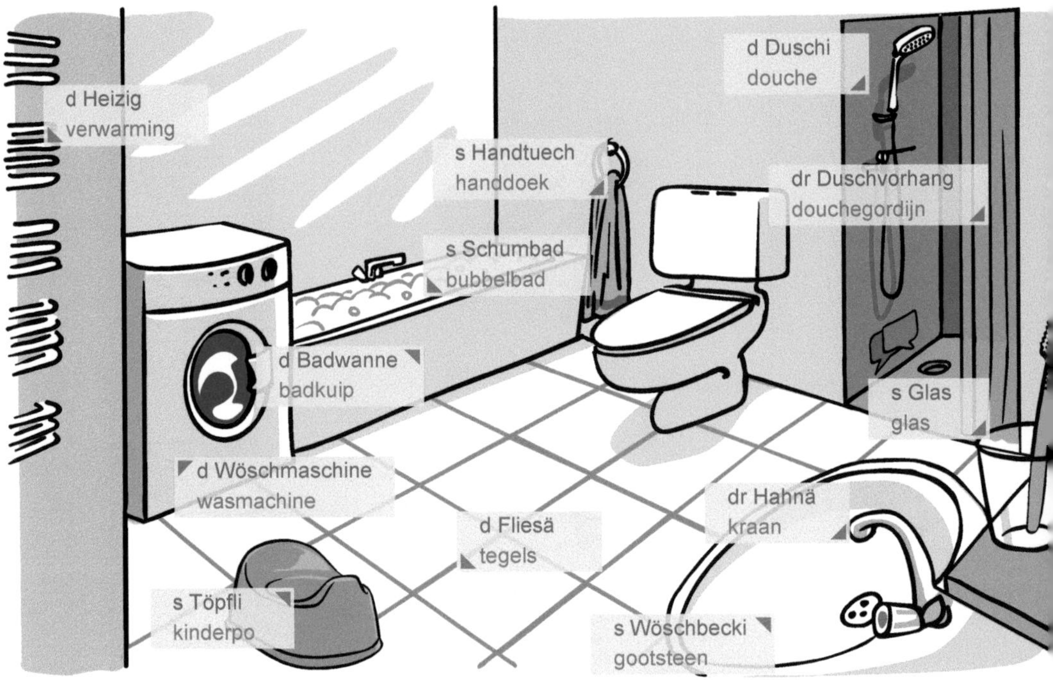
d Heizig
verwarming
s Handtuech
handdoek
d Duschi
douche
dr Duschvorhang
douchegordijn
s Schumbad
bubbelbad
d Badwanne
badkuip
s Glas
glas
d Wöschmaschine
wasmachine
dr Hahnä
kraan
d Fliesä
tegels
s Töpfli
kinderpo
s Wöschbecki
gootsteen

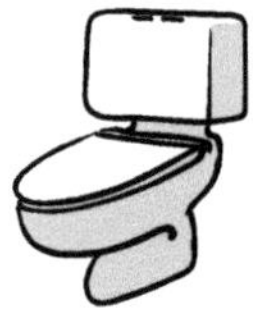

d Toilette

toilet

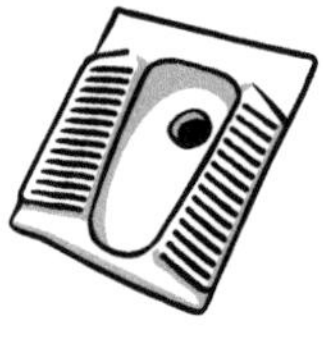

s Plumpsklo

hurktoilet

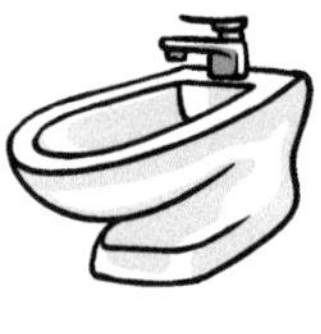

s Bidet

bidet

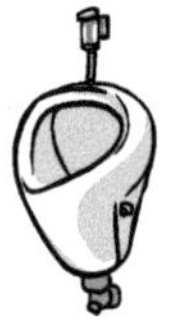

s Pissoir

urinoir

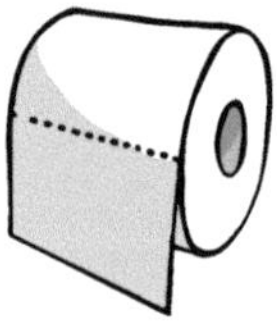

ds Toilettepapier

toiletpapier

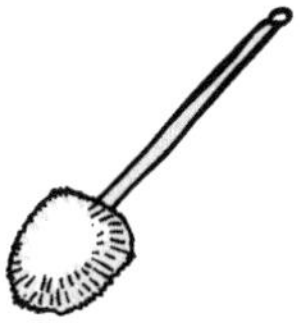

d Toilettebürschteli

toiletborstel

d Zahbürstä

tandenborstel

d Zahpasta

tandpasta

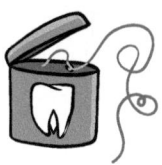

d Zahnsiide

flosdraad

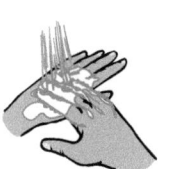

wäsche

wassen

d Handduschi

handdouche

d Intiimduschi

bidethanddouche

s Wöschbecki

waskom

d Ruggäbürste

rugborstel

d Seifä

zeep

s Duschgel

douchegel

s Shampoo

shampoo

dr Waschlappä

washandje

dr Abfluss

afvoer

d Creme

crème

s Deo

deodorant

dr Spiegel

spiegel

dr Handspiegel

handspiegel

dr Rasierer

scheermes

dr Rasierschuum

scheerschuim

s Aftershave

aftershave

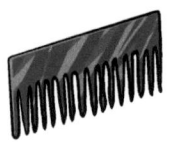

dr Schträäl

kam

d Bürstä

borstel

dr Föhn

haardroger

s Hoorspray

haarlak

s Makeup

make-up

dr Lippestift

lippenstift

dr Nagellack

nagellak

d Wattä

watten

d Nagelscher

nagelknipper

s Parfum

parfum

s Badzimmer - badkamer

s Necessaire

toilettas

dr Schemel

kruk

d Waag

weegschaal

dr Badmantel

badjas

dr Gummihändscheh

latex handschoenen

s Tampon

tampon

d Damebinde

maandverband

d chemischi Toilette

chemisch toilet

s Chinderzimmer
kinderkamer

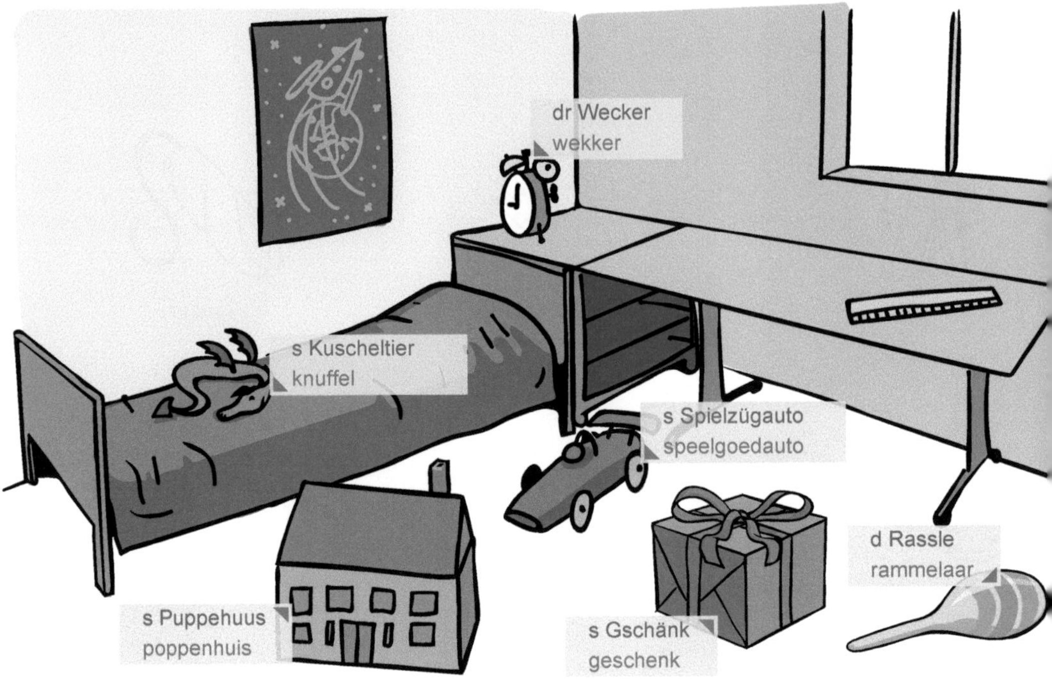
dr Wecker
wekker
s Kuscheltier
knuffel
s Spielzügauto
speelgoedauto
d Rassle
rammelaar
s Puppehuus
poppenhuis
s Gschänk
geschenk

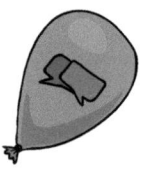

dr Ballon
ballon

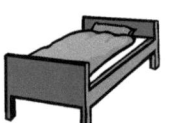

s Bett
bed

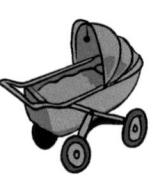

dr Chinderwage
kinderwagen

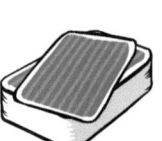

s Chartespiel
spel kaarten

s Puzzle
puzzel

SUPER
MEGA

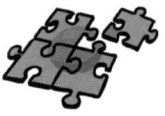

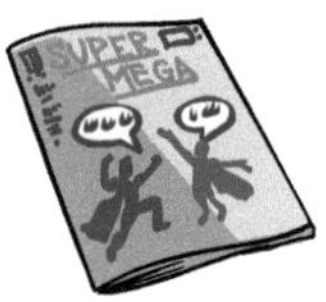

dr Comic
stripboek

d Legos
legoblokjes

d Baustei
blokken

d Action Figur
actiefiguur

s Strampli
kruippakje

s Frisbee
frisbee

s Mobile
mobiel

s Brättspiel
bordspel

dr Würfäl
dobbelsteen

d Modellisebahn
modelspoorweg

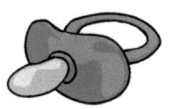

dr Nuggi
fopspeen

d Party
feest

s Bilderbuch
prentenboek

dr Ball
bal

d Puppä
pop

spiele
spelen

dr Sandchaschte
zandbak

d Gigampfi
schommel

s Spielzüg
speelgoed

d Videospielkonsole
spelconsole

s Dreirad
driewieler

dr Teddy
knuffelbeer

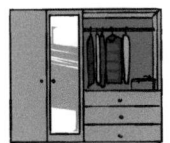

dr Chleiderschrank
kleerkast

d Chleidig
kleding

d Sockä
sokken

d Strümpf
kousen

d Strumpfhosä
maillot

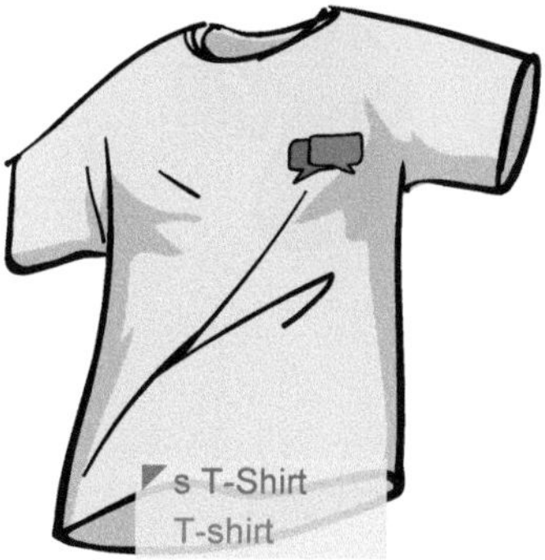

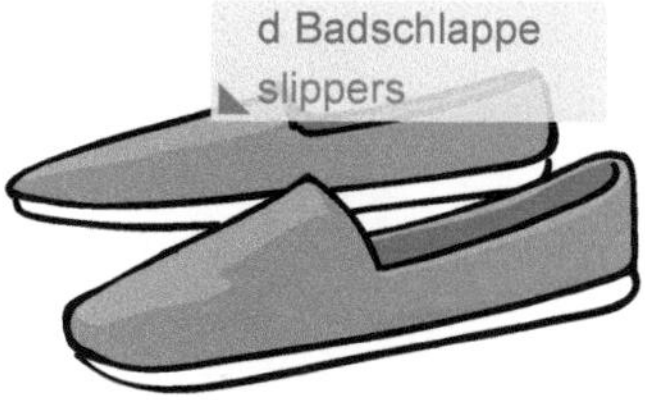

dr Schal
sjaal

dr Gürtel
riem

dr Rägeschirm
paraplu

s T-Shirt
T-shirt

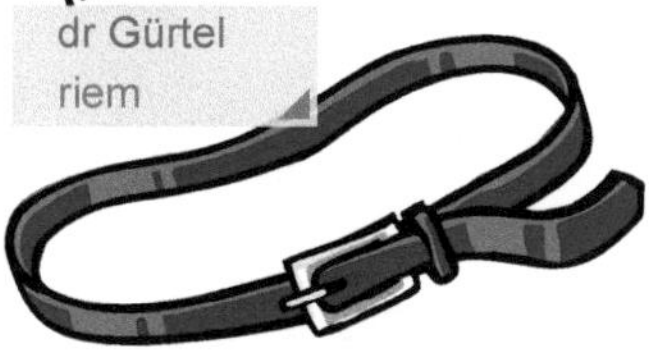

dr Stiefel
laarzen

d Badschlappe
slippers

d Turnschueh
sneakers

d Sandalä
....
sandalen

d Schueh
....
schoenen

d Gummistiefel
....
rubberlaarzen

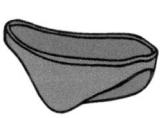

d Untrhosä
....
onderbroek

dr BH
....
beha

s Underlibli
....
onderhemd

d Chleidig - kleding

dr Body

lichaam

d Hosä

broek

d Jeans

jeans

dr Rock

rok

d Bluse

blouse

s Hömli

hemd

dr Pulli

trui

dr Kapuzepulli

capuchontrui

dr Blazer

blazer

d Jacke

jas

dr Mantel

jas

dr Rägämantel

regenjas

s Chostüm

kostuum

s Chleid

jurk

s Hochziitskleid

trouwjurk

dr Ahzug

pak

s Nachthömli

nachthemd

s Pyjama

pyjama

dr Sari

sari

s Chopftuäch

hoofddoek

dr Turban

tulband

d Burka

boerka

dr Kaftan

kaftan

d Abaya

abaya

s Badchleid

badpak

d Badhose

zwembroek

d churzi Hosä

short

dr Trainer

trainingspak

d Schürze

schort

d Händsche

handschoenen

dr Chnopf

knoop

d Brüllä

bril

s Armband

armband

d Chetti

ketting

dr Ring

ring

dr Ohrering

oorbel

d Chappe

pet

dr Chleiderbügel

kapstok

dr Huet

hoed

d Grawattä

das

dr Riissverschluss

rits

dr Helm

helm

dr Hosäträger

bretellen

d Schueluniform

schooluniform

d Uniform

uniform

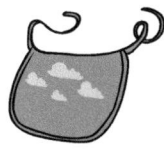

s Lätzli

slabbetje

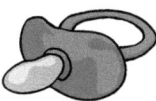

dr Nuggi

fopspeen

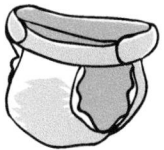

d Windle

luier

s Büro

kantoor

dr Server
server
dr Akteschrank
dossierkast
s Papier
papier
dr Drucker
printer
dr Monitor
monitor
dr Schribtisch
bureau
d Muus
muis
dr Ordner
map
d Taschtatur
toestenbord
dr Papierchorb
papiermand
dr Computer
computer
dr Stuehl
stoel

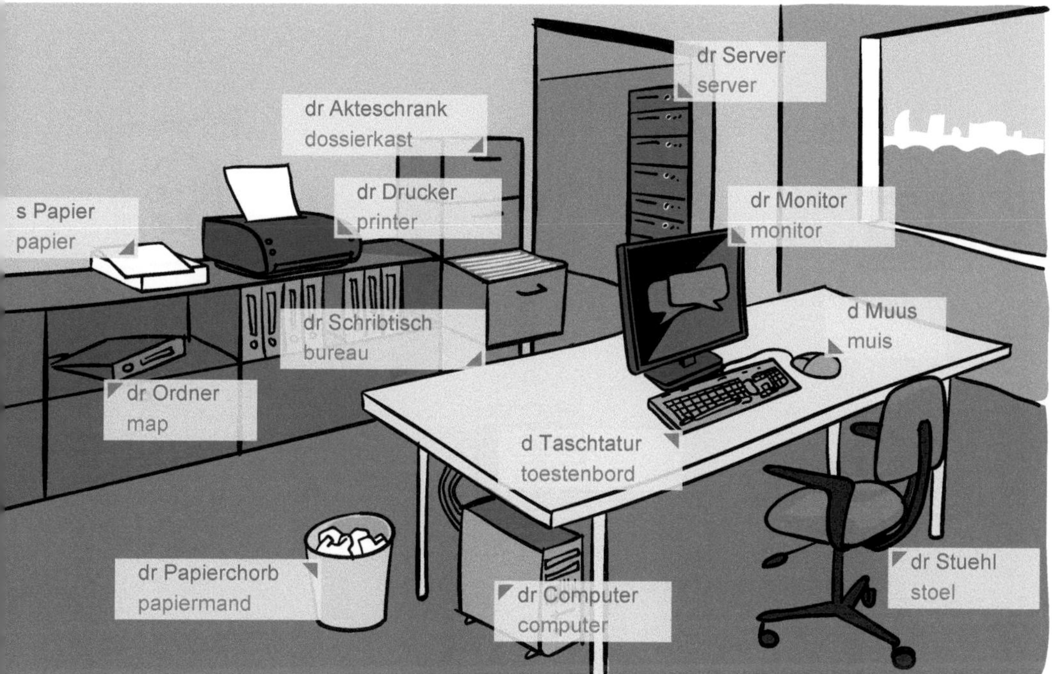

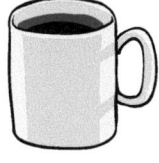

dr Kafibächer

koffiemok

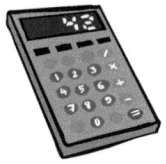

dr Tascherächner

rekenmachine

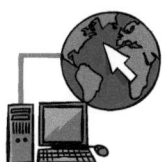

s Internet

internet

dr Laptop

laptop

dr Brief

brief

d Nochricht

bericht

s Mobiltelefon

gsm

s Netzwärk

netwerk

dr Kopierer

kopieerapparaat

d Software

software

s Telefon

telefoon

d Steckdosä

stopcontact

s Fax

fax

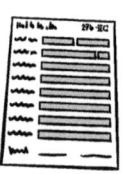

s Formular

formulier

s Dokumänt

document

chaufe

kopen

zahle

betalen

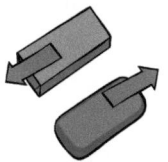

handle

handelen

s Gäld

geld

dr Dollar

dollar

dr Euro

euro

dr Yen

yen

dr Rubel

roebel

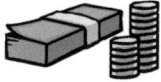

dr Frankä

Zwitserse frank

dr Renminbi Yuan

Chinese renminbi

d Rupie

roepie

dr Gäldautomat

geldautomaat

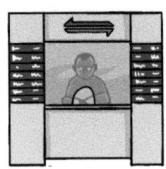

d Wächselstube

wisselkantoor

s Gold

goud

s Silber

zilver

s Öl

olie

d Energie

energie

dr Preis

prijs

dr Vertrag

contract

d Stüür

belasting

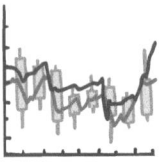

d Aktie

aandeel

schaffe

werken

dr Mitarbeiter

werknemer

dr Arbeitgeber

werkgever

d Fabrik

fabriek

s Gschäft

winkel

dr Polizischt
politieagent

dr Füürwehrmaa
brandweerman

dr Choch
kok

dr Arzt
dokter

dr Pilot
piloot

dr Gärtner

tuinman

dr Zimmermah

timmerman

d Näheri

naaister

dr Richter

rechter

dr Chemiker

chemicus

dr Darsteller

acteur

dr Busfahrer

buschauffeur

dr Taxifahrer

taxichauffeur

dr Fischer

visser

d Putzfrau

schoonmaakster

dr Dachdecker

dakdekker

dr Chällner

ober

dr Jäger

jager

dr Moler

schilder

dr Bäcker

bakker

dr Elektriker

elektricien

dr Bauarbeiter

bouwvakker

dr Ingenieur

ingenieur

dr Schlachter

slager

dr Klämpner

loodgieter

dr Pöschtler

postbode

dr Soldat

soldaat

dr Architekt

architect

dr Kassierer

kassier

dr Florischt

bloemist

dr Frisör

kapper

dr Kontrolleur

conducteur

dr Mechaniker

mecanicien

dr Kapitän

kapitein

dr Zahnarzt

tandarts

dr Wüsseschaftler

wetenschapper

dr Rabbi

rabbijn

dr Imam

imam

dr Mönch

monnik

dr Pfarrer

geestelijke

d Werkzüüg
werktuigen

d Zangä
tang
dr Hammer
hamer
dr Schruubedreier
schroevendraaier
d Taschelampä
zaklamp
dr Schrubeschlüssel
schroefsleutel

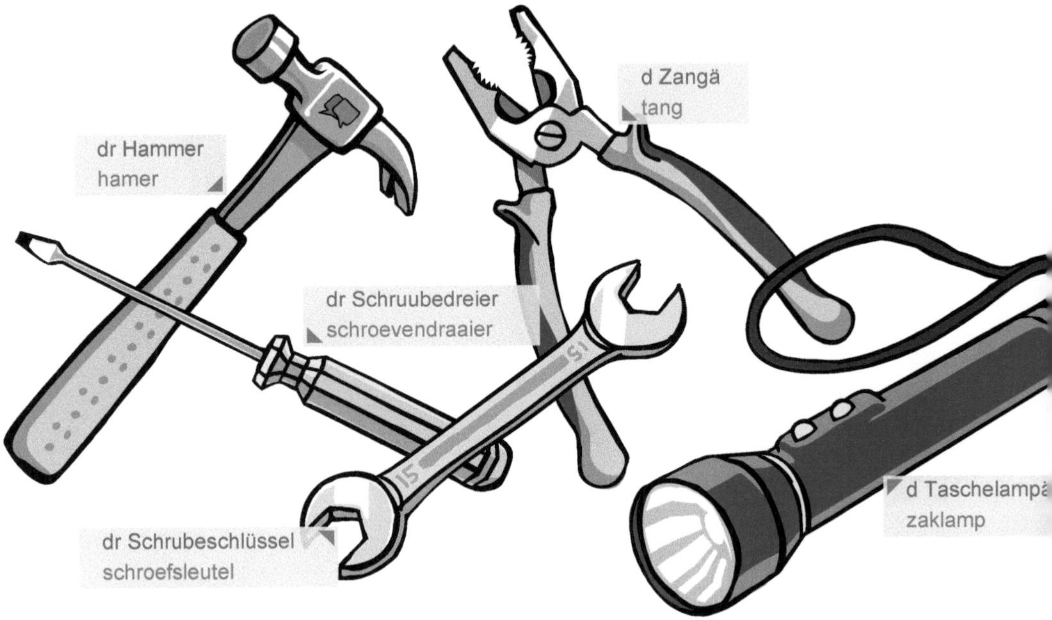

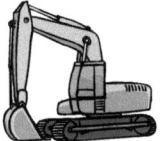

dr Bagger

graafmachine

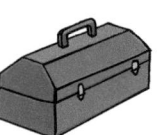

dr Werkzüügchaschte

gereedschapskoffer

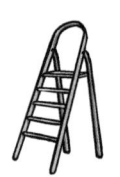

d Leitere

ladder

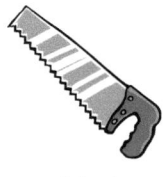

d Sagi

zaag

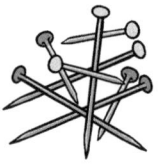

d Negel

spijkers

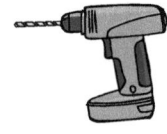

dr Bohrer

boormachine

flicke
repareren

d Schufle
schop

Mischt!
Verdomme!

d Ascheschufle
blik

dr Farbchübel
verfpot

d Schruube
schroeven

d Musiginstrumänt
muziekinstrumenten

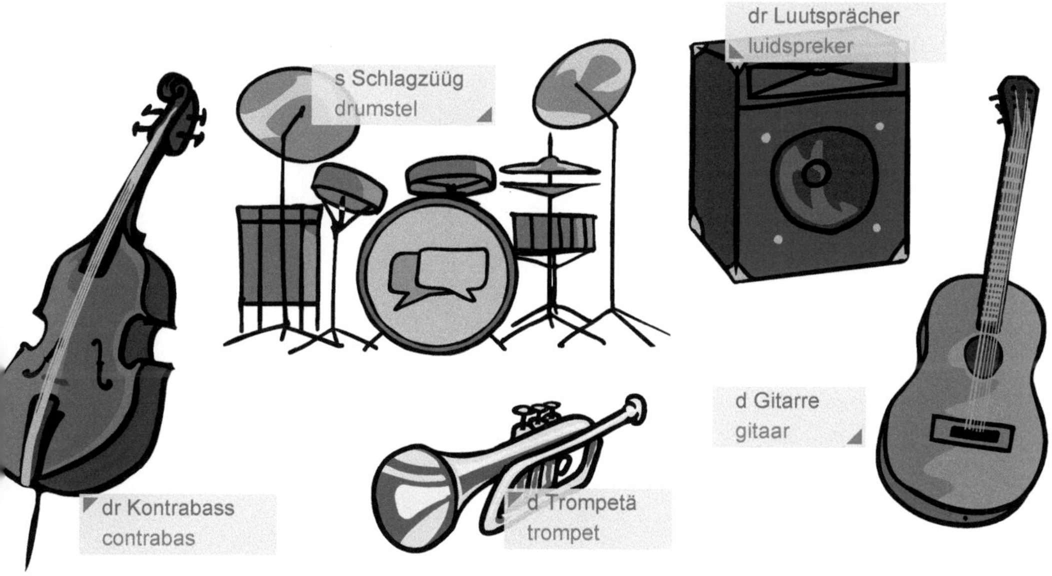

dr Luutsprächer
luidspreker

s Schlagzüüg
drumstel

d Gitarre
gitaar

dr Kontrabass
contrabas

d Trompetä
trompet

s Klavier

piano

d Violine

viool

dr Bass

basgitaar

d Pauke

pauk

d Trummle

trommels

s Keyboard

keyboard

s Saxophon

saxofoon

d Flöte

fluit

s Mikrofon

microfoon

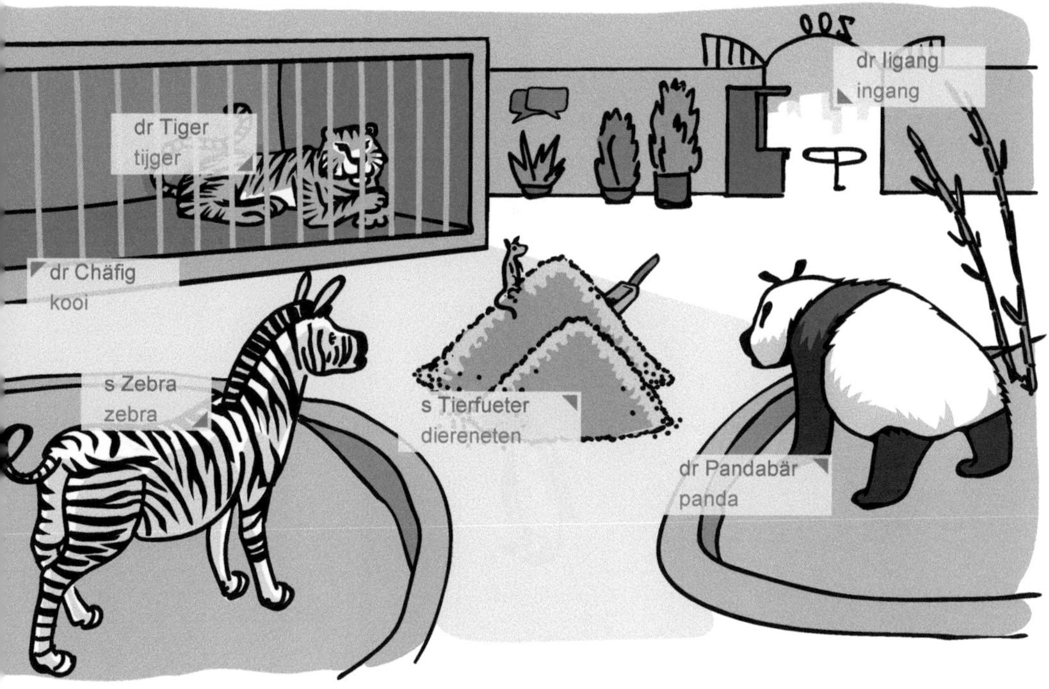

dr Iigang
ingang

dr Tiger
tijger

dr Chäfig
kooi

s Zebra
zebra

s Tierfueter
diereneten

dr Pandabär
panda

d Tier

dieren

dr Elefant

olifant

s Känguru

kangoeroe

s Nashorn

neushoorn

dr Gorilla

gorilla

dr Bär

beer

s Kamel

kameel

dr Struss

struisvogel

dr Leu

leeuw

dr Aff

aap

dr Flamingo

flamingo

dr Papagei

papegaai

dr Iisbär

ijsbeer

dr Pinguin

pinguïn

dr Hai

haai

dr Pfau

pauw

d Schlangä

slang

s Krokodil

krokodil

dr Zoowärter

dierenverzorger

d Robbä

zeehond

dr Jaguar

jaguar

dr Zolli - zoo

s Pony

pony

dr Leopard

luipaard

s Nilpfärd

nijlpaard

d Giraff

giraffe

dr Adler

adelaar

s Wildschwein

wild zwijn

dr Fisch

vis

d Schildkrot

zeeschildpad

s Walross

walrus

dr Fuchs

vos

d Gazelle

gazelle

s American Football
rugby

s Velofahre
wielrennen

s Tennis
tennis

dr Basketball
basketbal

s Schwümmä
zwemmen

s lishockey
ijshockey

s Boxä
boksen

dr Fuessball
voetbal

s Badminton
badminton

d Liechtathletik
atletiek

dr Handball
handbal

s Skifahre
skiën

s Polo
polo

d Aktivitäte
activiteiten

lachä
lachen
springä
springen
umarme
knuffelen
gah
wandelen
singe
zingen
troime
dromen
bätte
bidden
küssä
kussen

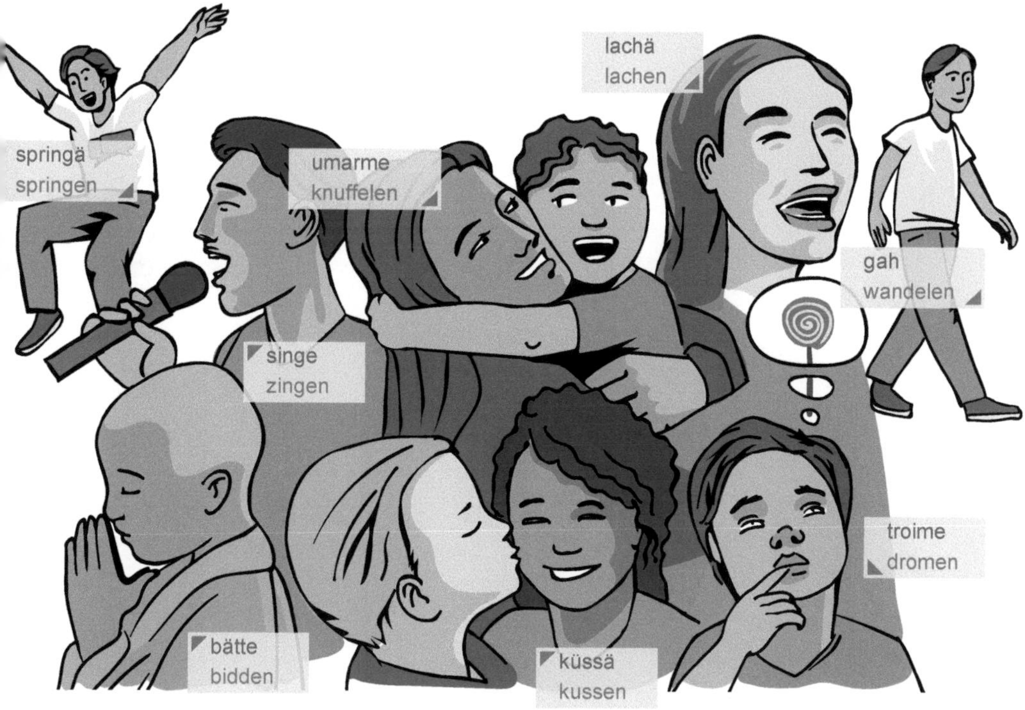

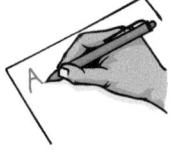

schribe
schrijven

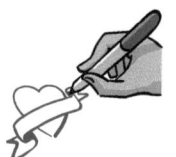

zeichne
tekenen

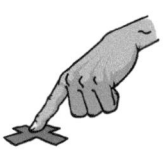

zeige
tonen

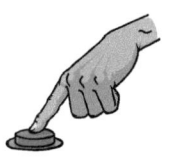

schiebe
duwen

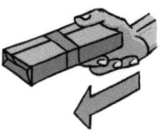

gäh
geven

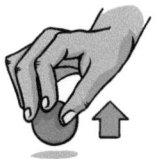

näh
nemen

händ

hebben

mache

doen

sy

zijn

stah

staan

laufe

lopen

zieh

trekken

rüerä

gooien

fallä

vallen

ligge

liggen

warte

wachten

träge

dragen

sitze

zitten

ahzieh

aankleden

schlafe

slapen

ufwache

ontwaken

ahluege

kijken naar

brüele

wenen

striichle

aaien

bürste

kammen

redä

praten

verschtah

begrijpen

froog

vragen

lose

luisteren

trinke

drinken

ässe

eten

ufruume

opruimen

liebe

houden van

chochä

koken

fahre

rijden

flüge

vliegen

segle

zeilen

rächne

rekenen

läse

Lezen

leerä

leren

schaffe

werken

hürate

trouwen

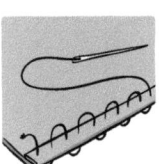

näije

naaien

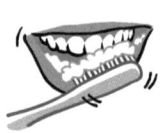

Zäh putze

tandenpoetsen

töte

doden

schlootä

roken

sände

sturen

d Familiä

familie

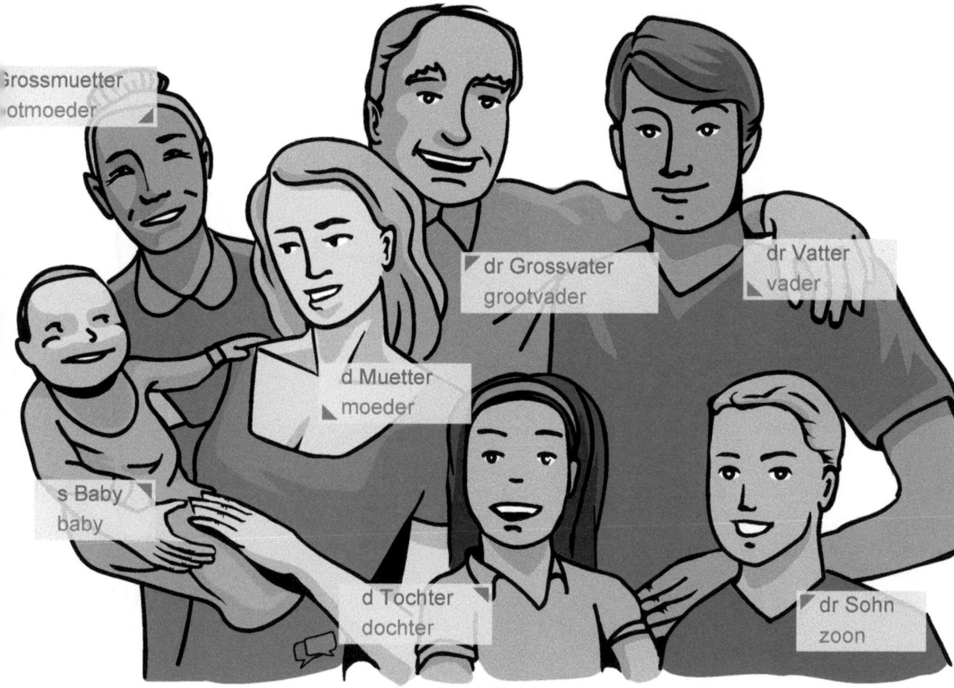

rossmuetter
otmoeder
dr Grossvater
grootvader
dr Vatter
vader
d Muetter
moeder
s Baby
baby
d Tochter
dochter
dr Sohn
zoon

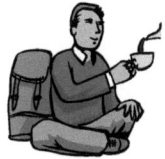

dr Gast

gast

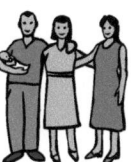

d Tante

tante

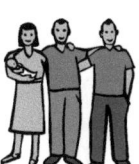

dr Unkel

oom

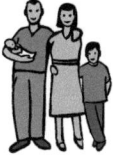

dr Brüeder

broer

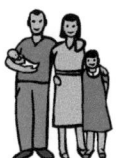

d Schwöschter

zus

dr Körpär

lichaam

d Stirn
voorhoofd
ds Aug
oog
d Schultere
schouder
dr Fingär
vinger
s Gsicht
gezicht
s Chüni
kin
d Hand
hand
s Bei
been
d Bruscht
borst
dr Arm
arm

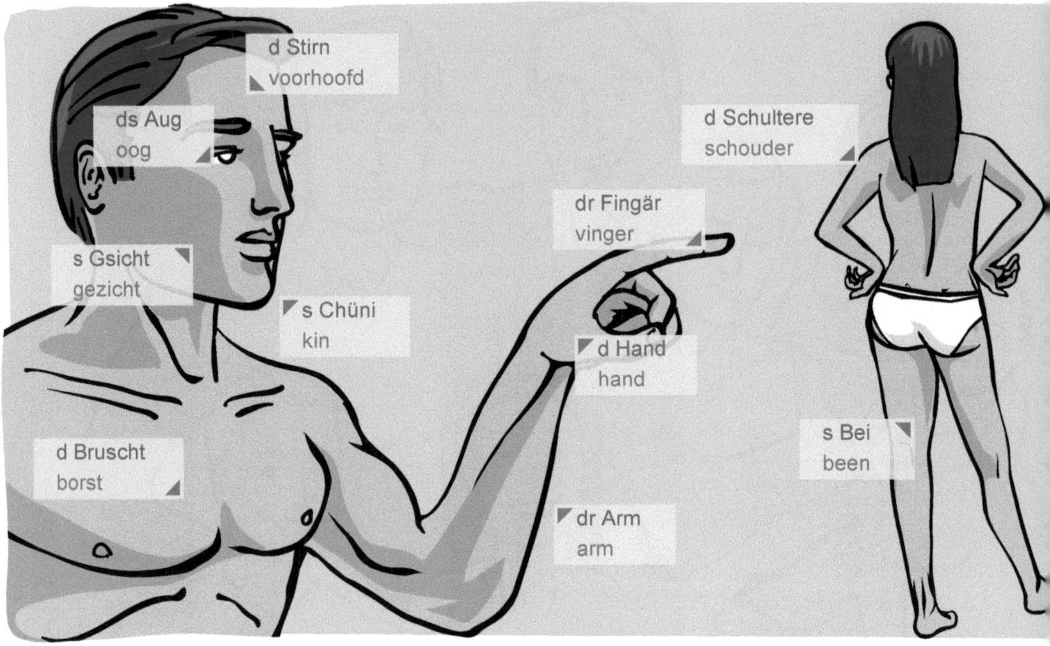

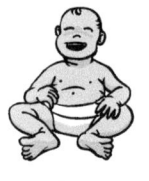

s Baby

baby

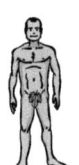

dr Mah

man

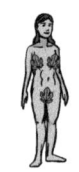

d Frau

vrouw

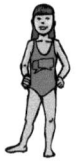

s Meitli

meisje

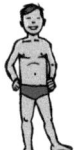

dr Bueb

jongen

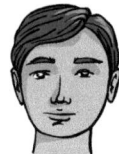

dr Chopf

hoofd

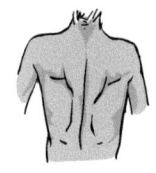

dr Ruggä
....
rug

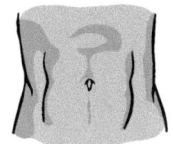

dr Buuch
....
buik

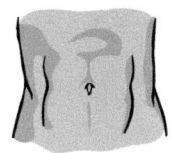

dr Buchnabel
....
navel

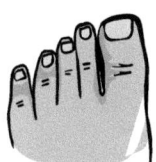

dr Zäche
....
teen

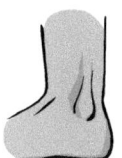

d Fersä
....
hiel

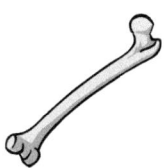

d Knoche
....
bot

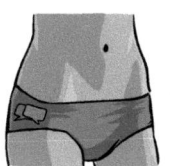

d Hüfte
....
heup

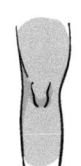

s Chnü
....
knie

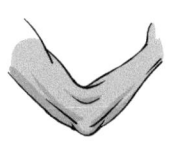

dr Ellbogä
....
elleboog

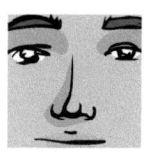

d Nase
....
neus

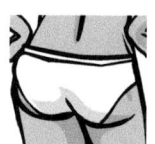

s Füdli
....
zitvlak

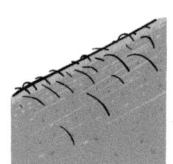

d Hut
....
huid

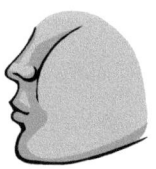

d Bagge
....
wang

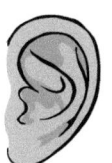

s Ohr
....
oor

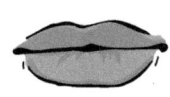

d Lippe
....
lip

s Muul

mond

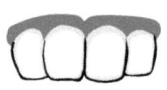

dr Zah

tand

d Zungä

tong

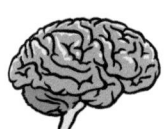

s Hirni

hersenen

s Härz

hart

dr Muskel

spier

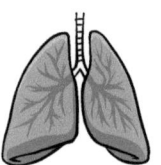

d Lungä

long

d Läberä

lever

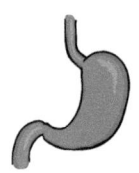

dr Magen

maag

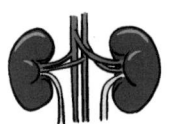

d Nierä

nieren

dr Gschlächtsvrkehr

seks

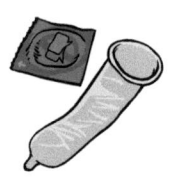

s Kondom

condoom

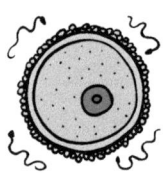

d Eizälle

eicel

dr Soome

sperma

d Schwangerschaft

zwangerschap

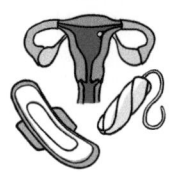

d Menstruation

menstruatie

d Vagina

vagina

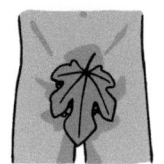

dr Penis

penis

d Augebrauä

wenkbrauw

s Haar

haar

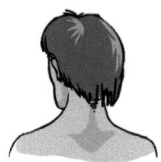

dr Hals

nek

s Spital
ziekenhuis

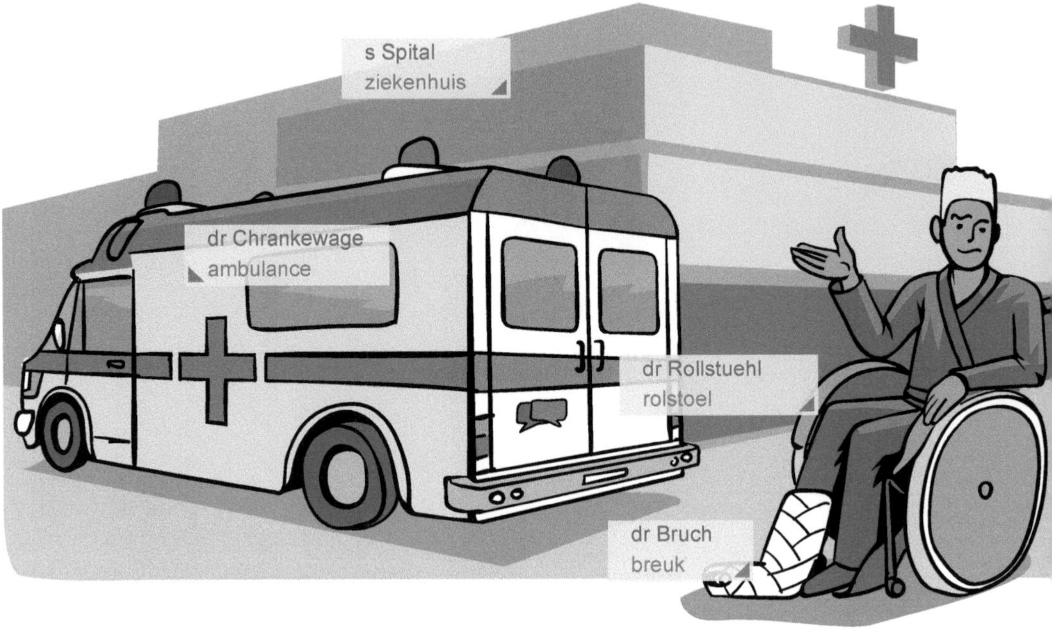

s Spital
ziekenhuis
dr Chrankewage
ambulance
dr Rollstuehl
rolstoel
dr Bruch
breuk

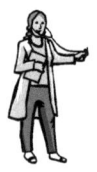

dr Arzt
dokter

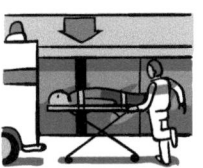

d Notufnahm
spoed

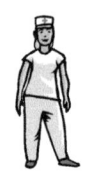

d Chrankeschwöschter
verpleegkundige

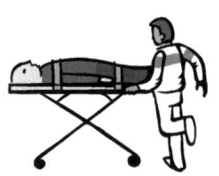

dr Notfall
noodgeval

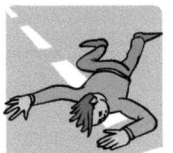

ohnmächtig
bewusteloos

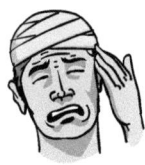

dr Schmärz
pijn

d Verletzig

verwonding

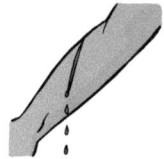

d Bluätig

bloeding

dr Härzinfarkt

hartaanval

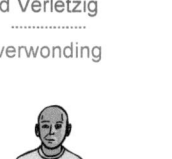

dr Schlagahfall

beroerte

d Allergie

allergie

dr Hueschtä

hoest

s Fieber

koorts

d Grippe

griep

dr Durchfall

diarree

d Kopfschmärze

hoofdpijn

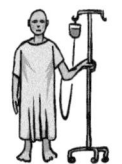

dr Kräbs

kanker

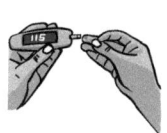

dr Diabetes

diabetes

dr Chirurg

chirurg

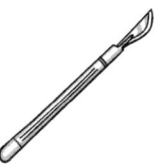

s Skalpell

scalpel

d Operation

operatie

s CT

CT

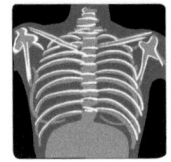

s Röntgä

röntgenstraal

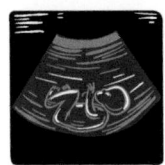

s Ultraschall

ultrageluid

d Gsichtsmaske

gezichtsmasker

d Krankhet

ziekte

s Wartezimmer

wachtkamer

d Krückä

kruk

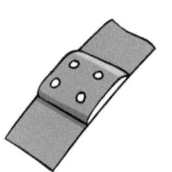

s Pflaster

pleister

dr Vrband

verband

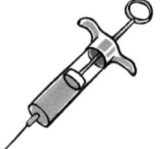

d Injektion

injectie

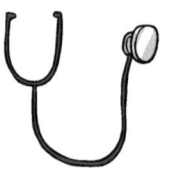

s Stethoskop

stethoscoop

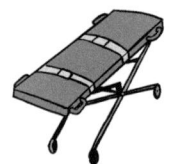

d Trage

brancard

s Thermometer

thermometer

d Geburt

geboorte

s Übergwicht

overgewicht

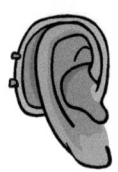

s Hörgrät

hoorapparaat

s Desinfektionsmittel

ontsmettingsmiddel

d Infektion

infectie

s Virus

virus

s HIV / AIDS

HIV / AIDS

d Medizin

medicijn

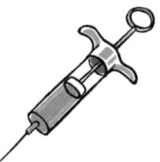

d Impfig

vaccinatie

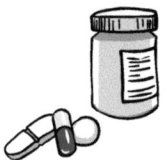

d Tablette

tabletten

d Pille

pil

dr Notruef

noodoproep

s Bluetdruck-Mässgrät

bloeddrukmeter

chrank / gsund

ziek / gezond

Hiufe!

Help!

dr Alarm

alarm

dr Überfall

overval

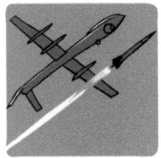

dr Ahgriff

aanval

d Gfohr

gevaar

dr Notuusgang

nooduitgang

Füür!

Brand!

dr Füürlöscher

brandblusser

dr Unfall

ongeval

dr Ersti-Hilf-Koffer

EHBO-kit

SOS

SOS

d Polizei

politie

s Europa

Europa

s Nordamerika

Noord-Amerika

s Südamerika

Zuid-Amerika

s Afrika

Afrika

s Asie

Azië

s Auschtralie

Australië

dr Atlantik

Atlantische Oceaan

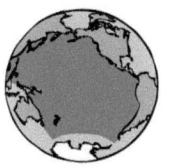

dr Pazifik

Stille Oceaan

dr Indische Ozean

Indische Oceaan

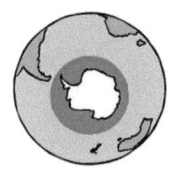

dr Antarktische Ozean

Antarctische Oceaan

dr Arktische Ozean

Arctische Oceaan

dr Nordpol

Noordpool

dr Südpol

Zuidpool

d Antarktis

Antarctica

d Ärde

aarde

s Land

land

s Meer

zee

d Inslä

eiland

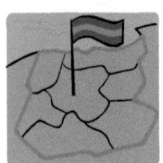

d Nation

natie

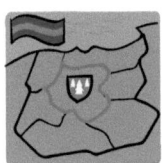

dr Staat

staat

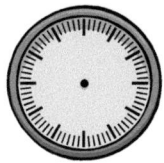

s Ziffereblatt

wijzerplaat

dr Stundezeiger

uurwijzer

dr Minutezeiger

minuutwijzer

dr Sekundezeiger

secondewijzer

Wie spaht isch es?

Hoe laat is het?

dr Tag

dag

d Zit

tijd

jetzt

nu

d Digitaluhr

digitale horloge

d Minute

minuut

d Stunde

uur

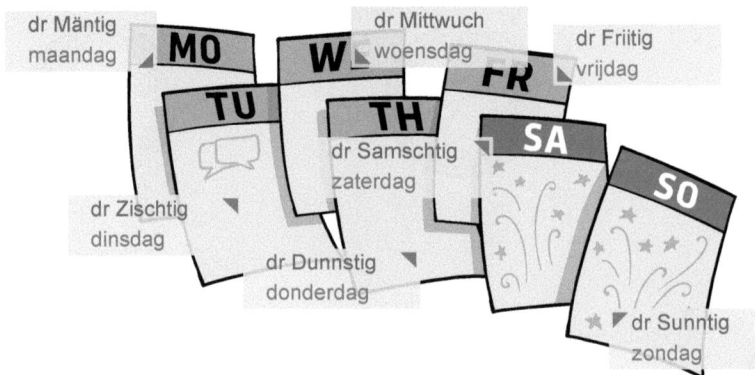

dr Mäntig
maandag

dr Mittwuch
woensdag

dr Friitig
vrijdag

dr Samschtig
zaterdag

dr Zischtig
dinsdag

dr Dunnstig
donderdag

dr Sunntig
zondag

geschter

gisteren

hüt

vandaag

morn

morgen

dr Morgä

ochtend

dr Mittag

middag

dr Aabig

avond

d Wärktag

werkdagen

s Wuchenänd

weekend

dr Rägeboge
regenboog

dr Räge
regen

dr Schnee
sneeuw

dr Wind
wind

dr Früelig
lente

dr Herbscht
herfst

dr Summer
zomer

dr Winter
winter

4.APRIL	11°	☀
5.APRIL	4°	☁
6.APRIL	13°	☁
7.APRIL	8°	☀
8.APRIL	10°	☀

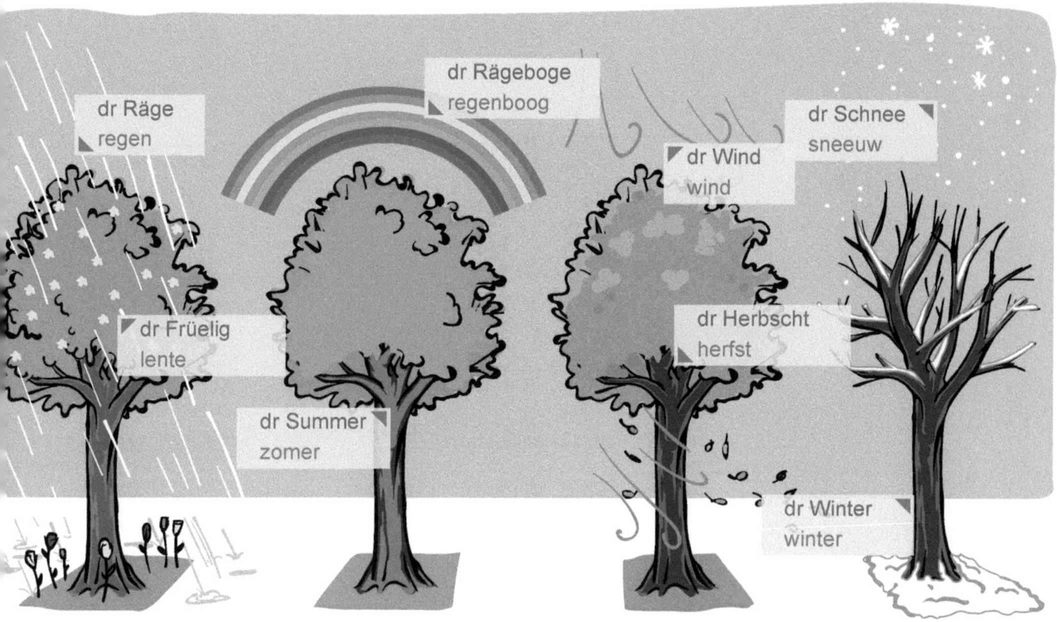

d Wättervorhärsag

weervoorspelling

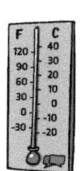

s Thermometer

thermometer

dr Sunneschiin

zonneschijn

d Wolkä

wolk

d Näbel

mist

d Fiechtigkeit

vochtigheid

dr Blitz

bliksem

dr Dunner

donder

dr Sturm

storm

d Hagel

hagel

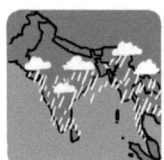

dr Monsun

moesson

d Fluet

overstroming

s Iis

ijs

dr Januar

januari

dr Februar

februari

dr März

maart

dr April

april

dr Mai

mei

dr Juni

juni

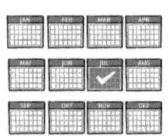

dr Juli

juli

dr Auguscht

augustus

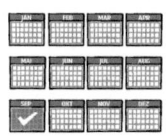

dr Septämber
....
september

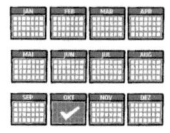

dr Oktober
....
oktober

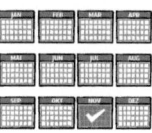

dr Novämber
....
november

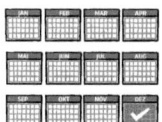

dr Dezämber
....
december

d Forme

vormen

dr Kreis
....
cirkel

s Quadrat
....
kwadraat

s Rächteck
....
rechthoek

s Dreieck
....
driehoek

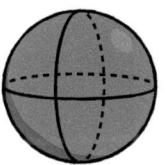

d Chugele
....
bol

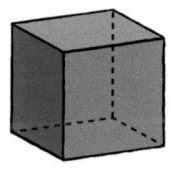

dr Würfel
....
kubus

wiss	gäl	orange
wit	geel	oranje

pink	rot	liila
roze	rood	paars

blau	grüen	bruun
blauw	groen	bruin

grau	schwarz
grijs	zwart

viel / wenig

veel / weinig

hässig / ruhig

boos / kalm

hübsch / hässlich

mooi / lelijk

dr Ahfang / s Ändi

begin / einde

gross / chli

groot / klein

hell / dunkel

licht / donker

Brüeder / d Schwöschter

broer / zus

suuber / dräckig

proper / vuil

vollständig / unvollständig

volledig / onvolledig

dr Tag / d Nacht

dag / nacht

tot / läbig

dood / levend

breit / schmal

breed / smal

ässbar / nid ässbar

eetbaar / oneetbaar

bös / fründlich

kwaadaardig / vriendelijk

uffreggt / glangwilt

opgewonden / verveeld

dick / dünn

dik / dun

zerscht / zletscht

eerst / laatst

dr Fründ / dr Find

vriend / vijand

voll / läär

vol / leeg

hart / weich

hard / zacht

schwer / liecht

zwaar / licht

dr Hunger / dr Durscht

honger / dorst

chrank / gsund

ziek / gezond

illegal / legal

illegaal / legaal

intelligänt / gatz

intelligent / dom

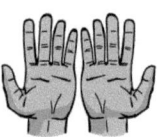

links / rächts

links / rechts

nöch / wiit weg

dichtbij / veraf

d Gägeteil - tegengestelden

neu / bruucht

nieuw / gebruikt

nüt / öpis

niets / iets

alt / jung

oud / jong

ah / uss

aan / uit

offe / zue

open / dicht

lislig / luut

stil / luid

riich / arm

rijk / arm

richtig / falsch

juist / fout

rau / glatt

ruw / glad

truurig / glücklich

droevig / blij

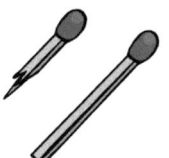

churz / lang

kort / lang

langsam / schnäll

traag / snel

nass / trochä

nat / droog

warm / chalt

warm / koud

dr Chrieg / dr Friede

oorlog / vrede

0	**1**	**2**
Null	eis	zwei
nul	één	twee
3	**4**	**5**
drü	vier	foif
drie	vier	vijf
6	**7**	**8**
sächs	sibe	acht
zes	zeven	acht
9	**10**	**11**
nün	zäh	elf
negen	tien	elf

12

zwölf

twaalf

13

drizäh

dertien

14

vierzäh

veertien

15

füfzäh

vijftien

16

sächzäh

zestien

17

siebzäh

zeventien

18

achtzäh

achtien

19

nünzäh

negentien

20

zwänzg

twintig

100

Hundert

honderd

1.000

Tuusig

duizend

1.000.000

Million

miljoen

Änglisch

Engels

Amerikanischs Änglisch

Amerikaans Engels

Chinesisch Mandarin

Chinees (Mandarijn)

Hindi

Hindi

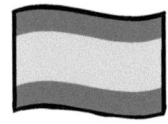

Spanisch

Spaans

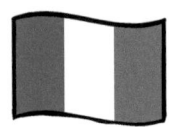

Französisch

Frans

Arabisch

Arabisch

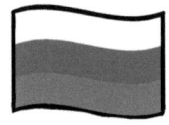

Russisch

Russisch

Portugiesisch

Portugees

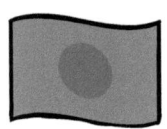

Bengalisch

Bengali

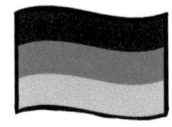

Dütsch

Duits

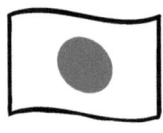

Japanisch

Japans

ich
ik

du
u

är / sie / es
hij / zij / het

mir
wij

ihr
u

sie
ze

wär?
wie?

was?
wat?

wie?
hoe?

wo?
waar?

wänn?
wanneer?

Name
naam

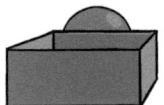

hinder
....
achter

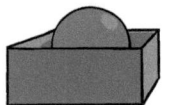

in
....
in

vor
....
voor

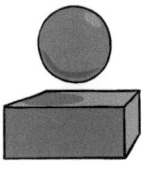

über
....
boven

uf
....
op

under
....
onder

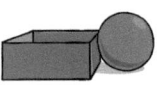

näbe
....
naast

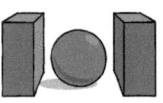

zwüsche
....
tussen

dr Ort
....
plaats